coleção primeiros passos 312

Celso Gitahy

O QUE É GRAFFITI
1ª Edição

editora brasiliense
São Paulo - 2012

Copyright © by Celso Gitahy
Nenhuma parte desta publicação pode ser gravada,
armazenada em sistemas eletrônicos, fotocopiada,
reproduzida por meios mecânicos ou outros quaisquer
sem autorização prévia da editora.

Primeira edição, 1999
3ª reimpressão, 2012
4ª reimpressão, 2015

Diretora Editorial: *Maria Teresa B. de Lima*
Editor: *Max Welcman*
Produção Editorial: *Ione Franco*
Produção Gráfica: *Adriana F. B. Zerbinati*
Revisão: *Angela das Neves*
Capa: *Orlando Mancini*
Graffiti da capa: *Maurício Villaça*

Dados Internacionais de Catalogação na Publicação (CIP)
(Câmara Brasileira do Livro, SP, Brasil)

Gitahy, Celso
O que é graffiti / Celso Gitahy – São Paulo :
Brasiliense, 2012. – (Coleção Primeiros Passos : 312)

Bibliografia.
ISBN 85-11-00049-8

1. Graffiti   I. Título   II. Série

99-4365   CDD-751.73

Índice para catálogo sistemático:
1. Graffiti : Pintura   751.73

editora brasiliense
Rua Antonio de Barros, 1720 – Bairro Tatuapé
CEP 03401-001 – São Paulo – SP – Fone 3062-2700
E-mail: contato@editorabrasiliense.com.br
www.editorabrasiliense.com.br

Dedicatória

Dedico este trabalho às mulheres de minha família: *Camila*, minha filha; *Aurea*, minha irmã; e *Jurema*, minha mãe.

Agradeço a meus amigos *Hernani Facundo, Sandra Mitherhofer, Ana Maria Dias, Malena Segura Contrera, Hudinilson Júnior, Claudio Schapochnik, Ozéas Duarte, Gustavo e Otávio (os Gêmeos), Rui Amaral, Carlos Matuck, Silvia Correia, Marcos Villaça, Ciro Cozzolino, Artur Sara, Cláudio Viller, Jorge Tavares, Renato Brancateli e Lea Vallauri*, pelo apoio que recebi durante todo o caminho.

Dedico este trabalho também a *Sebastião Motta de Melo* pela inspiração e força que dele recebi.

O homem não deve se distanciar do encontro com a afetividade, a solidariedade, a tolerância e o autoconhecimento.

Essa busca estava impressa na obra do saudoso artista plástico Maurício Villaça e pode nos ajudar a redescobrir o verdadeiro papel do artista diante da vida.

Com saudade e carinho,

Marcos Villaça

SUMÁRIO

I - Origem do graffiti 11
    Pinturas rupestres 11
    Murais na Antiguidade. 14
    Muralismo contemporâneo 15
II - Pichação 19
    Graffiti e pichação. 19
    Como surgiu 20
    Pichação e comportamento. 22
    Pichadores de passagem 26
    Fases da pichação. 27
    Grapicho. 30
III - Graffiti enquanto arte 33
    Fase marginal. 33
    Precursores 37
    Estilo americano no Brasil 46

IV - GRAFFITEIROS GRAFFITISTAS 51
    PRECURSORES NO BRASIL 51
    PROPAGADORES DO GRAFFITI 58
    NOVAS GERAÇÕES 72
V - CONCLUSÃO. 75
   INDICAÇÕES PARA LEITURA 81
   SOBRE O AUTOR 83

ORIGEM DO GRAFFITI

"Desde a pré-história, o homem come, fala, dança e graffita."
Maurício Villaça

Pinturas rupestres

O vestígio mais fascinante deixado pelo homem através dos tempos em sua passagem pelo planeta foi, sem dúvida, a produção artística. Desta, a manifestação mais antiga, com certeza, foram os desenhos feitos nas paredes das cavernas. Aquelas pinturas rupestres são os primeiros exemplos de graffiti que encontramos na história da arte. Elas representam animais, caçadores e símbolos, muitos dos quais, ainda hoje, são enigmas para os arqueólogos. Não sabemos exatamente o que levou o homem das cavernas a fazer essas pinturas, mas o importante é que ele possuía uma linguagem simbólica própria.

Nessa época, os materiais utilizados eram terras de diferentes tonalidades, sucos de plantas, ossos fossilizados ou calcinados, misturados com água e gordura de animais. Hoje, usamos tintas em *spray* e não pintamos cervos e bisões, mas sim ideias, signos, que passam a compor o visual urbano.

Já houve quem questionasse: "O que pensará o homem do futuro ao deparar com os graffiti do século XX? O metrô de Nova York não se tornará uma Lascaux (sítio arqueológico formado por grutas repletas de pinturas e desenhos)? Cheio de signos herméticos, nomes e números que deixarão os historiadores a se debater em decifrações?".

Maurício Villaça, um dos precursores da arte do graffiti no Brasil, partilhava da ideia de que graffiti são também as garatujas que fazemos desde a mais tenra idade, os rabiscos e gravações feitos em bancos de praça, banheiros, e até mesmo aqueles que surgem quando falamos ao telefone. Assim, também o graffitar que se difunde de forma intensa nos centros urbanos significa riscar, documentar, de forma consciente ou não, fatos e situações ao longo do tempo. Diz respeito a uma necessidade humana como dançar, falar, dormir, comer etc.

É impossível dissociar essas necessidades humanas da liberdade de expressão. Não existe graffiti ou quem o produza de forma não democrática. Aliás, o graffiti veio para democratizar a arte, na medida em que acontece de forma arbitrária e descomprometida com qualquer limitação espacial ou ideológica. Todos os segmentos sociais podem vir a ser lidos pelos artistas do graffiti, assim como seus símbolos espalhados pela cidade podem ser lidos por todos.

A palavra aqui usada e a grafia adotada – graffito – vêm do italiano, inscrição ou desenhos de épocas antigas, toscamente riscados a ponta ou a carvão, em rochas, paredes etc. Graffiti é o plural de graffito. No singular, é usada para significar a técnica (pedaço de pintura no muro em claro e escuro). No plural, refere-se aos desenhos (os graffiti do Palácio de Pisa).

A despeito de outras grafias adotadas, mesmo daquela dicionarizada pelo *Aurélio*, escolhi a de origem italiana, porque há palavras, no meu entender, que devem permanecer em sua grafia original pela intensidade significativa com a qual se textualizam dentro de um contexto.

Murais na Antiguidade

Os túmulos dos faraós egípcios representaram outro momento da pintura mural. A narração dos fatos, num misto de imagem e texto nas paredes desses túmulos, pode assumir uma característica de graffiti, predominando a função decorativa e a aplicação de técnicas mais requintadas. Não existia mais o gestual, que era próprio dos povos primitivos; não eram mais traços espontâneos, mas elaborados.

Essa função de expressão artística foi utilizada desde o Extremo Oriente, Índia, China e por todos os povos do Mediterrâneo. Assim como os murais narrativos dos egípcios, os murais descobertos em Pompeia nos fazem supor a qualidade da pintura alcançada pelos romanos. Sabe-se que, nesse período, já se utilizava também a têmpera, outra forma de pintura sobre gesso úmido, que se estende desde a Idade Média e atinge seu ponto máximo com a utilização de artifícios de perspectiva nas cúpulas de igrejas e palácios, deixando aparecer imagens do céu.

Os primeiros cristãos "graffitavam" os símbolos da Igreja nas catacumbas de Roma, onde se reuniam secretamente.

Muralismo contemporâneo

Já no século XX, pintores mexicanos, utilizando-se das técnicas da pintura mural, decoravam edifícios públicos. Como vimos nos enormes murais executados por Diego Rivera, José Clemente Orozco e David Alfaro Siqueiros, quando convidados pelo então intelectual revolucionário José Vasconcelos, na ocasião em que, após uma série de golpes de Estado, sobe ao poder. Em 1905, o Dr. AIL (pseudônimo do pintor Bernardo Carnada) publicou um manifesto defendendo a necessidade de uma arte pública. Em Barcelona, 15 anos depois, Siqueiros fez apelo aos artistas da América, proclamando a necessidade de se lançarem todos à tarefa de promover uma arte capaz de falar às multidões.

"Pintaremos os muros das ruas e das paredes dos edifícios públicos, dos sindicatos, de todos os cantos onde se reúne gente que trabalha", afirmava Siqueiros.

No Brasil dos anos 1950, vários murais arrematavam as fachadas dos edifícios narrando temas da história e da arte brasileiras, como o realizado por Di Cavalcanti, com cerca de 15 metros de comprimento, na fachada do Teatro de Cultura Artística, na região central de São Paulo.

Todos esses dados sobre muralismo, junto com a *pop art*, já apontavam para a origem do graffiti contemporâneo enquanto expressão artística e humana.

Essa manifestação, que começa a surgir no Brasil já nos anos 1950, com a introdução do *spray*, segue pelos 1960, passa pelos 1970 e se consagra como linguagem artística nos anos 1980, conquistando seu espaço na mídia, chegando à Bienal, às manchetes de jornais e até às novelas de TV, seguindo pelos anos 1990 rumo à virada do milênio.

O graffiti tem como suporte para sua realização não somente o muro, mas a cidade como um todo. Postes, calçadas, viadutos etc. são preenchidos por enigmáticas imagens, muitas das quais repetidas à exaustão – característica herdada da *pop art*. Efêmero por natureza, vai da crítica social – como foi a fase de super-heróis, em que vários personagens de histórias em quadrinhos foram graffitados pela cidade, questionando a falta de sérias lideranças políticas no país –, até complexos seres lembrando extraterrestres (ETs). Sempre com muito humor e descontração, contrapõe-se aos *outdoors*, não procurando levar o espectador à posição passiva de mero consumidor. É, antes, um convite ao encontro e ao diálogo.

Considerado pós-moderno, não podemos confundi-lo com pinturas em muro que, não advindo do novo, se enquadram, de uma forma ou de outra, nos padrões convencionais de pintura e não possuem uma produção considerável. Vale lembrar que toda manifestação artística representa a situação histórica em que esta ocorre, não porque necessariamente toda arte deva ser engajada, mas porque é realizada pelo sujeito histórico dentro de um contexto histórico-social e econômico.

Em suma, são de dois tipos as características dessa linguagem:

Estéticas:

- expressão plástica figurativa e abstrata;

- utilização do traço e/ou da massa para definição de formas;

- natureza gráfica e pictórica;

- utilização, basicamente, de imagens do inconsciente coletivo, produzindo releituras de imagens já editadas e/ou criações do próprio artista;

- repetição de um mesmo original por meio de uma matriz (máscara), característica herdada da *pop art*;

- repetição de um mesmo estilo quando feito à mão livre.

Conceituais:

- subversivo, espontâneo, gratuito, efêmero;

- discute e denuncia valores sociais, políticos e econômicos com muito humor e ironia;

- apropria-se do espaço urbano a fim de discutir, recriar e imprimir a interferência humana na arquitetura da metrópole;

- democratiza e desburocratiza a arte, aproximando-a do homem, sem distinção de raça ou de credo;

- produz em espaço aberto sua galeria urbana, pois os espaços fechados dos museus e afins são quase sempre inacessíveis.

PICHAÇÃO

Eu picho, tu pichas, ele picha...

Graffiti e pichação

Tanto o graffiti como a pichação usam o mesmo suporte – a cidade – e o mesmo material (tintas). Assim como o graffiti, a pichação interfere no espaço, subverte valores, é espontânea, gratuita e efêmera. Uma das diferenças entre o graffiti e a pichação é que o primeiro advém das artes plásticas e o segundo da escrita, ou seja, o graffiti privilegia a imagem; a pichação, a palavra e/ou a letra.

Vários são os significados da pichação: ação ou efeito de pichar; escrever em muros e paredes; aplicar piche em; sujar com piche; falar mal – de acordo com esse último conceito, não há quem não tenha pichado uma vez na vida...

Como surgiu

A pichação não é exclusividade das sociedades atuais. Ao contrário, as paredes das cidades antigas eram tão pichadas quanto as de hoje, ou muito mais. Havia de tudo nessas pichações. A julgar pelas paredes de Pompeia, cidade vitimada pela erupção do vulcão Vesúvio em 24 de agosto de 79 d.C., e por isso preservada, predominavam xingamentos, cartazes eleitorais, anúncios, poesias, praticamente tudo se escrevia nas paredes. Já na Idade Média, época em que a Inquisição perseguia e castigava as bruxas, cobrindo-as com uma substância betuminosa chamada piche, os padres pichavam as paredes dos conventos de outras ordens que não lhes eram simpáticas.

Depois, a pichação passou a ser feita na parede da casa da pessoa que se queria atacar, divulgando suas más qualidades. Assim, foi usada por revolucionários de todo o mundo para abalar a imagem de seus governos ou divulgar seus ideais e objetivos.

Após a Segunda Guerra Mundial, começam a ser produzidos materiais em aerossol, como inseticidas, perfumes, desodorantes etc. As tintas e vernizes em *spray* descendem do uso da tinta sob pressão de uma bomba compressora, como na pintura automotiva. Assim, o *spray* substituiu as antigas técnicas de aplicação bucal de vernizes e fixadores nos trabalhos artísticos, e isso significou maior liberdade de movimentos, permitindo também maior velocidade.

Durante a revolta dos estudantes iniciada em maio de 1968 em Paris, vimos como o *spray* viabilizou que as mesmas reivindicações que eram gritadas nas ruas fossem rapidamente registradas nos muros da cidade.

No Brasil, além das frases de protesto, surgiram outras bem-humoradas e enigmáticas, como por exemplo: CELACANTO PROVOCA MAREMOTO, referente ao monstro pré-histórico do seriado japonês *National Kid*, e CÃO FILA KM 22, que dizia respeito a um criador de uma raça de cães, utilizando a silhueta desse cão graffitada junto à frase.

Por ser considerada ilegal e subversiva, a atividade da pichação era executada sempre à noite. Mesmo assim, essa prática foi se popularizando e perdendo seu exclusivo caráter político. As pichações já não pediam somente a cabeça desse ou daquele governante, mas declaravam amor, faziam piadas ou simplesmente exibiam o nome de seus autores.

O artista multimídia Hudinilson Júnior, também um dos principais nomes do graffiti brasileiro, certa vez revelou um fato inusitado que se passou em seu trabalho, quando estava escrevendo em um muro paulistano, como de costume, a frase "Ah Ah Beija-me". Surge uma garota que, de súbito, lhe aplica um tremendo beijo, sorri e lhe diz: "Sempre me senti curiosa a respeito de quem escrevia isso por toda a cidade".

Pichação e comportamento

A pichação, contudo, nem sempre é possível, permitida ou tolerada. Durante os anos da ditadura militar, em meio à censura e ao clima autoritário, quase não se viam paredes rabiscadas em São Paulo.

É interessante observar como o Muro de Berlim tinha duas faces completamente diversas: do lado oriental, o muro estava sempre limpo e de pintura intacta; do lado ocidental, desenhos e frases se sucediam, ora de forma articulada, ora desordenada, espalhando-se por longos trechos. Não é à toa que, quando da demolição do muro, esses garranchos tenham figurado nas páginas dos principais órgãos da imprensa mundial, como a significar a própria liberdade de expressão.

Pichação e graffiti têm sempre algo em comum, carregam em si a transgressão e, por isso, só existem em sociedades razoavelmente abertas – não combinam com ditadura.

Dentre os principais artistas de rua, geração 1980 do graffiti, houve um que, além de assinar sua obra, passou a deixar também o número de seu telefone. Era Ivan Sudbreck, que ficou conhecido como aquele das caras redondas, sempre muito bem resolvidas plasticamente, que costumavam aparecer no buraco da avenida Paulista. Além da assinatura e do telefone, Ivan se permitia escrever "Associação Paulista de Graffiti e Pichação", sempre com a palavra pichação em bom tamanho e com certo destaque.

Dizia ele que costumava receber em sua casa, numa mesma tarde, cerca de trinta, até quarenta jovens adolescentes, todos pichadores. Convictos e organizados, vinham com várias ideias, mas basicamente um mesmo objetivo: o de continuar a guerra. Que guerra seria essa?

Ivan dizia, entusiasmado: "A arte sempre será o reflexo social de um povo". No nosso caso, Brasil, reflexo de um povo oprimido. Que sofre desrespeito em seus direitos humanos, falta de trabalho e habitação, saúde, educação, segurança, lazer etc. E aos quais responde, consciente ou não, por meio de atos que se traduzem desde a cruenta violência (assaltos, roubos, assassinatos) até tentativas menos drásticas de interferir no sistema e modificá-lo.

Não é por acaso que a pichação surge e se intensifica nos grandes centros urbanos, mesmo nos países menos desenvolvidos. A pichação aparece como uma das formas mais suaves de dar vazão ao descontentamento e à falta de expectativas. São quinhentos pichadores em Santo Amaro, trezentos no Aeroporto, quatrocentos em Santana, e assim por diante. É uma guerra feita com tinta, todos se conhecem e se identificam pelo tipo de código pichado. Um grande abaixo-assinado para a posteridade, no qual cada um que participa deixa sua marca.

A tal associação nunca existiu realmente. Ivan se dizia presidente, mas ninguém concordava. Alguns artistas argumentavam que o graffiti é pessoal e espontâneo. Ter um presidente e uma associação trará benefícios ao próprio, mas não ao todo. Enfim, não foi em frente.

Ivan e eu, certa vez, caminhando pelas ruas da Vila Madalena, em São Paulo, percebemos entre os graffiti de sempre vários muros exageradamente pichados. Era pichação sobre pichação, criando assim uma massa abstrata de traços. Notamos que, em certos espaços, outro artista compôs sua obra aproveitando-se do acúmulo de traçados. Foi dando diversas pinceladas em várias partes do muro, usando cores diferentes, do que resultou um trabalho incrível! Ficou bonito e original! Vimos, também, uma residência em que o muro da entrada estava completamente pichado com várias camadas sobrepostas. O dono da casa deve ter gostado do aspecto abstrato resultante, pois fez uma moldura permanente com tinta látex branca fechando as quatro partes do muro.

Continuamos caminhando, realizando alguns graffiti. Ivan estava pintando, em um muro de um colégio da região, uma cabeça grande da qual saíam pensamentos abstratos quando fomos interpelados por um senhor que dizia ser militar e, ignorando os cabelos brancos de Ivan, interrompeu nosso trabalho de maneira indelicada e agressiva.

Villaça também se mostrava receptivo à pichação, sempre lembrando os garotos assassinados por terem sido flagrados em pichação: "Devemos procurar entender essa manifestação humana. Se somos da mesma espécie, por que reprimir, tão drasticamente, uma atividade muito menos perigosa do que as barbaridades sociais, ecológicas e políticas, corrupções e violência que se sucedem a nossa vista e são enaltecidas pela mídia?".

Ao mesmo tempo, Villaça acreditava num processo didático-pedagógico aplicado ao pichador. Chegou a dar várias oficinas de graffiti junto com Alex Vallauri e, posteriormente, com o artista Ozéas Duarte.

Villaça analisava os pichadores como "despreparados" artisticamente – eles são a obra. Suas assinaturas precedem essa obra como se, autoassinando, o pichador queira dizer "Eu existo". Consequentemente, o pichador não se prende ao artístico; para ele existe só o próprio valor da existência.

Um jovem pichador, amigo do famoso ex-pichador Juneca (hoje artista do graffiti), ficou conhecido com a frase "sou pipou" – referindo-se a *people*, povo, em inglês. Exemplo claro da necessidade de identificação, de expressar a existência não só de um Eu, mas de um Povo.

Pichadores de passagem

Juneca... Pessoinha... Quem não se lembra desses nomes? Personagens paulistanos que se tornaram conhecidos ao espalhar seus nomes pela cidade, pichados em todos os espaços que encontravam. Começaram no ano de 1980 e seguiram até 1986, quando Juneca, demonstrando interesse pela arte do graffiti, procurou o artista John Howard para iniciar-se como graffiteiro. Em seguida, conheceu Maurício

Villaça e passou a trabalhar com ele. Juneca se entusiasmou e entrou para a faculdade de artes plásticas. Como graffiteiro participou de vários eventos e exposições. Pessoinha ingressou no Exército e sua vida seguiu outro rumo.

Juneca, em sua fase de pichador, ficou muito conhecido, inclusive por ter sido perseguido pelo então prefeito Jânio Quadros. Naquela época, Juneca, após pichar exaustivamente a cidade de São Paulo, deixou sua marca em outros estados, tendo ido até Brasília pichar o Palácio do Planalto.

A perseguição da prefeitura consagrou-o e ele chegou a ser personagem de história em quadrinhos, projeto de Maurício Villaça, que não chegou a ser impressa. No futuro, Juneca viria a organizar, junto com Artur Lara, a *I Mostra Paulista do Graffiti* no MIS (Museu da Imagem e do Som).

Fases da pichação

Da década de 1980 aos dias atuais, podemos distinguir a pichação em quatro fases:

Primeira fase – Corresponde ao carimbar exaustivamente o próprio nome em grande escala pela cidade e bairros, apropriando-se de todo e qualquer tipo de superfície. Desejava-se, com isso, chamar a atenção para si mesmo, ou seja, sair do anonimato.

Segunda fase – Surge a competição pelo espaço. Em vez do nome, alguns usam pseudônimo ou símbolos de identificação de grupo. Cada pichador ou grupo quer ser mais conhecido e inventa, cria letras diferentes e chamativas. Essa fase resulta na saturação do espaço físico da cidade.

Terceira fase – Os pichadores decidem driblar porteiros e zeladores de edifícios públicos e residenciais para pichar os lugares mais altos desses prédios. Então, o que passa a contar é o "picho" mais difícil, que represente um desafio em termos das condições de realização. O pichador que escreve o nome da gangue é seguro no alto pelas pernas, ficando de cabeça para baixo. Ele tem de ser rápido e objetivo. Dessa fase, nem o edifício Itália escapou.

Ainda nessa fase, a intensificação da pichação vai aos monumentos públicos. O Monumento de Imigração Japonesa, da artista plástica Tomie Ohtake, na avenida 23 de Maio, em São Paulo, ainda hoje continua a ser o alvo preferido dos pichadores. O fato de a imprensa interferir combatendo essa atividade com artigos de página inteira, bem como com fotos coloridas publicadas em revistas de grande circulação, contribuiu para incentivar e acentuar o trabalho de pichadores, dando assim passagem para a fase seguinte.

Quarta fase – Nessa fase a pichação atingia seu auge, quando o maior acontecimento na mídia, aquele que gerasse a maior polêmica, era o que todos os pichadores queriam. Aparecer, acontecer, desafiar as autoridades ou realizar obras inusitadas passou a ser ordem do dia.

Nessa época, o Teatro Municipal fora restaurado. Tudo novo, paredes externas limpas, um convite aos pichadores. À medida que a mídia chamava a atenção sobre quem picharia primeiro o teatro, como se fosse concurso, surgiram, simultaneamente, notícias de menores sendo assassinados quando pegos em flagrante pichação.

Isso aumentava o incentivo, e, depois do teatro em São Paulo, aconteceu no Rio de Janeiro – o Cristo Redentor amanheceu pichado, por dois jovens paulistanos. Um deles deixou cair o papelzinho da passagem de ônibus no local que, para eles, era uma façanha. A polícia prendeu-os e o Brasil inteiro ficou sabendo. Chegaram a ser convidados para entrevistas em rádio, TV, jornais etc., inclusive no exterior. Seus pais também foram ouvidos, e como corretivo os dois jovens foram condenados a limpar as pichações da cidade junto com a equipe de limpeza da prefeitura durante seis meses.

Outro alvo cobiçado pelos pichadores foi o Memorial da América Latina, em São Paulo, que não chegou a ser pichado por ter forte esquema de segurança, em funcionamento 24 horas por dia.

O que hoje em dia se vê, em termos de pichação pela cidade, é quase que uma mistura dessas quatro fases que permanecem, mesmo sem o concurso da mídia.

Grapicho

Todos os artistas que se destacaram pela qualidade dos trabalhos tiveram a oportunidade de coordenar oficinas de graffiti, para todas as idades. Seja por convite de órgãos públicos e/ou privados, seja por iniciativa própria.

O fato de essas várias oficinas serem simultâneas à produção individual de cada artista, somado à forte influência dos graffiti americanos – com origem nos guetos nova-iorquinos e consagrados no metrô, tornando-se identidade visual hip-hop –, fez com que muitos dos pichadores, observando aqueles graffiti, partissem para incrementar suas pichações, surgindo o que se chamou de grapicho. Fase intermediária entre pichação e graffiti, seriam, basicamente, pichações mais coloridas, não tão elaboradas como as estrangeiras, porém já não eram simples "pichos", junto com as tais letras (pequenos arabescos graffitados) à base de "máscara" que iam surgindo.

A impressão que tenho é de que a pouca noção de composição e manejo de material seria a causa da falta de variedade maior de cores nesses grapichos.

GRAFFITI ENQUANTO ARTE

Fase marginal

Um dos aspectos conceituais mais interessantes e nevrálgicos encontrados nessa linguagem é, sem dúvida, a questão da proibição, sempre presente, qual sombra, sobre aqueles que ousam fazer graffiti. Ao observarmos essa proibição, percebemos que ela está intimamente ligada ao conceito de propriedade privada, ou seja, o que pensará o proprietário do espaço ao ver sua propriedade graffitada.

Não quero entrar em discussão ideológica sobre os conceitos de propriedade privada e pública, mas, focalizando apenas o aspecto legal, já podemos perceber que o graffiti, por sua natureza intrínseca, sempre será marginal.

Mas, se focalizarmos o aspecto de prática com as técnicas, de propostas de trabalho e de amadurecimento das obras, reconheceremos, num primeiro momento, uma fase que denomino marginal. Fase em que os artistas em incursões pelas ruas da cidade pesquisam e realizam graffiti basicamente em preto e branco.

Nessa época, segunda metade dos anos 1970, surgem os graffiti de Alex Vallauri, Carlos Matuck, John Howard, Waldemar Zaidler e outros aqui não mencionados mas não menos importantes, pois foi pela primeira amostra de graffiteiros que o gosto por essa atividade aflorou. Levou um certo tempo para que esses artistas conseguissem uma produção de rua e seus respectivos registros fotográficos e, então, o graffiti de qualidade pudesse conquistar o espaço que tem conquistado e se tornado história.

Hoje, quanto ao proprietário, se o trabalho realizado possuir qualidade e criatividade, talvez goste, aprove e... recomende. E isso tem ocorrido mais do que alguns possam ou queiram imaginar.

No entanto, ao observar esse passado recente e por estar trabalhando com graffiti até hoje, vejo que a proibição está, mais do que nunca, em pauta. Enquanto eu escrevia este livro, o presidente da República estava sancionando nova lei ambiental,

O que é graffiti 35

Foto: Luiz Aureliano/Abril Imagens

Alex Vallauri

de número 9.605, que entrou em vigor no início de 1998, a qual, além de conceituar graffiti e pichação sem estabelecer distinção alguma entre eles, os declara crime contra o meio ambiente passível de penalidades.

Paradoxalmente, esse impedimento do exercício coletivo de liberdade de criação contribui para que o artista continue na busca da perfeição, superando-se, firmando-se acima das possíveis críticas e da aceitação maior do público.

Ao tomar conhecimento dessa lei, lembrei-me de que atitudes arbitrárias e paradoxais perante o graffiti não são de hoje. Pois em 1988, portanto mais de 20 anos atrás, os artistas Rui Amaral, Ana Letícia, Beto Marson, Marco Passareli, Numa Ramos, Beto Pandim, Jorge Luiz Tavares, Júlio Barreto, John Howard e Maurício Villaça foram presos pela Guarda Municipal de São Paulo.

Às vésperas do aniversário de São Paulo, esse grupo de artistas foi graffitar uma homenagem à cidade, no túnel sob a praça Roosevelt. Mal começaram, foram presos – indiciados e incluídos no artigo 163, por danos ao patrimônio público, tendo como vítima a comunidade. Como criminosos, foram fichados e autuados, seus materiais de pintura foram apreendidos e só saíram sob fiança.

Isso depois de terem sido elogiados em toda a imprensa nacional. Foram até capa da revista *Veja São Paulo*, além de foco de grandes matérias no *Jornal da Tarde*, *Jornal do Brasil*, *O Globo* etc. – assim como nas revistas alemãs *Der Spiegel*, *Stern* e outras. Sem falar da consagração obtida na XVIII Bienal.

Enfim... O homem aprendiz, quando conectado com o todo, se permite brilhar... de dentro de si para o infinito.

Precursores

A primeira grande exposição de graffiti foi realizada em 1975, no Artist'Space, de Nova York, com apresentação de Peter Schejeldahl, mas a consagração do graffiti veio com a mostra *New York/New Wave*, organizada por Diego Cortez, em 1981, no PS1, um dos principais espaços de vanguarda de Nova York.

Posteriormente, Keith Haring e Jean Michel Basquiat, graffiteiros do metrô nova-iorquino, estavam registrando presença na Documenta de Kassel. Keith Haring tornou-se um dos artistas mais conhecidos dos anos 1980 por levar o graffiti, que antes era exclusivamente das ruas, becos e guetos, para o convívio de galerias, museus e bienais. Foi considerado o mais próximo discípulo de Andy Warhol (um dos papas da *pop art*), com quem manteve amizade íntima por mais de cinco anos, sempre procurando discutir a delicada questão entre arte oficial e não oficial e a hierarquia existente entre arte, cultura e poder.

Vivendo no Times Square, Haring observou e descobriu no metrô grandes painéis negros vazios – dez anos de graffiti e arte conceitual, e ninguém havia tocado aqueles espaços. Optou pelo giz branco e começou a fazer seus desenhos. A matriz de seus graffiti no metrô nova-iorquino é a figura simples de um boneco de cabeça redonda, e seus padrões labirínticos transformaram-se em sua marca registrada e lhe garantiram a fama não só nos Estados Unidos como em toda a Europa e no Japão.

Em 1985, apresentou na Bienal de Paris seu corredor do graffiti e, em 1986, foi convidado por um museu de Berlim ocidental a pintar cem metros do muro que dividia a cidade.

Sua arte expandiu-se para um público mais amplo, e ele passou a comercializar seus trabalhos, abriu uma loja – Pop Shop – no SoHo, East Side, onde se vendiam camisetas estampadas, pôsteres, *buttons* e pequenas esculturas de madeira. Haring recebia encomendas de painéis com mensagens educativas para a comunidade, como combate às drogas ou a favor do sexo seguro e outros; fez um *outdoor* com mensagens publicitárias, capas de discos e esculturas de metal para parques.

No Brasil, Haring participou em 1983 da Bienal de São Paulo. Fez diversos trabalhos de rua em companhia de Rui Amaral, graffiteiro paulistano, monitor da Bienal naquele ano. Esteve também com Alex Vallauri e Maurício Villaça. Em 1986, expôs no Rio de Janeiro na Galeria Thomas Cohn, junto com o artista plástico graffiteiro Kenny Scharff. Keith Haring morreu de aids em fevereiro de 1990.

No Acervo de Arte Contemporânea, no Ibirapuera, em São Paulo, constam dois trabalhos de Kenny Scharff. São imensos painéis graffitados com muito bom humor e executados de forma livre e gestual. O estilo de Scharff lembra a arte psicodélica dos anos 1960, com cores fortes, desenhos de animais e monstros. Seus quadros são grandes painéis e seus preços variam de seiscentos a 8 mil dólares. Casado com uma brasileira, é frequentador das praias e ilhas baianas, onde busca inspiração para os movimentos tropicais, cores e formas.

Jean Michel Basquiat começou escrevendo frases de impacto pela cidade de Nova York e ficou conhecido no metrô. Também amigo de Andy

Warhol, ficou famoso por seu estilo irreverente e rebelde. Faleceu em 1988 por overdose de heroína.

Basquiat e Haring começaram juntos pintando muros e muitas vezes não tinham dinheiro nem para o almoço.

A primeira galeria dedicada inteiramente ao graffiti foi a Fun Gallery, no East Village, dirigida pela atriz de cinema *underground* Patty Astor. Os *american dealers*, os experts, procuravam não dar atenção ao movimento, porém este já estava sendo reconhecido na Europa. Pouco a pouco outras galerias começaram a requisitar artistas do graffiti, transformando alguns em verdadeiros astros da arte contemporânea. Antes de chegar às galerias, o graffiti é *spray art* (pichação de signos); em seguida, é *stencil art* – o artista utiliza um cartão com formas recortadas que, ao receber o jato *spray*, só deixa vazar a tinta pelos orifícios determinados. A primeira operação valoriza o desenho; a segunda, a cor.

Além dos artistas e estilos citados, existe nos Estados Unidos o que no Brasil chamamos de "estilo americano", ou seja, letras e frases excessivamente coloridas, à base de tinta *spray* (*spray art*), demonstrando primorosa técnica. Esse estilo, denominado *spray cam*, surgiu nos anos 1930 como opção de mídia alternativa. Negros hispânicos, precursores dessa linguagem, não tinham espaço na mídia americana, principalmente nas rádios, que simplesmente deixaram de tocar rap (estilo musical ligado àqueles artistas). Em vista disso, os jovens usavam muros e o metrô para divulgar ideias, ideais e até óbitos.

Entre os pioneiros aparecem Taki 183, Barbara 62, Eva 62, Lady Pink, Zephir e outros. Esse estilo começou a partir de uma pichação a que chamavam *tag*, ou seja, o pichador assinava seu nome e o número de sua rua (Taki 183). Com o passar do tempo essa assinatura foi ganhando cor, brilho e forma, até se transformar em frase. Esse estilo de graffiti também serviu para demarcar limites entre gangues suburbanas.

Em Paris, ainda hoje, o graffiti é rigorosamente proibido, porém os graffiteiros aumentam a cada dia. Há quem diga que são eles os responsáveis pelo movimento Arte de Rua.

O professor de história da arte da famosa Sorbonne, Denys Riout, autor de *Le livre du graffiti* (editora Alternatives), batizou esse novíssimo movimento de arte de PictureGraffiti, e isso porque os graffiti, que hoje proliferam, não só em Paris como em Berlim, Amsterdã e Londres, inspiram-se na pintura. São figurativos e estão mais próximos das artes plásticas do que da escrita (traçado de letras – pichação).

Os graffiteiros franceses podem ser considerados artistas plásticos primitivos, surrealistas, neofauvistas (fazem uso de cores fortes e fluorescentes) ou mesmo criadores de *pop art*.

Entre os precursores franceses estão: Blek Leraque, que desde 1981, após terminar o curso de belas-artes, vem produzindo suas imagens, sempre se esquivando da polícia e de funcionários da Olgas (Organização de Luta contra Graffiti e Anúncios Selvagens), empresa que se encarrega de apagar os graffiti em Paris. Ficou famoso por suas figuras de homens e mulheres em tamanho natural. "Essa é minha forma de participação, fazendo desenhos e não quadros, sem regra ou código para lê-los", diz ele.

Epsilon Point, também formado pela escola de belas-artes, em Marselha, preferiu os heróis de histórias em quadrinhos (HQ), como He-Man e o bárbaro Conan.

Marie Rouffet é o pseudônimo de um rapaz que começou a graffitar as ruas de Paris sempre usando a técnica de máscara (*pochoir*), imprimindo figuras repetitivas (sempre em número de três), com legendas incluindo a palavra rock. "O graffiti é uma necessidade e uma vontade de comunicar. Eu uso a palavra rock para lembrar que o rock surge como uma expressão da cultura de minha geração, que influenciava o modo de se comportar, se vestir, se mexer e incomodar também", diz Marie Rouffet, para quem as galerias de arte deveriam ser todos o muros da cidade.

"Vive la Peinture", ou VLP, como eles assinavam algumas vezes, identifica três pintores que expõem em galerias desde 1983 e também graffitavam as ruas: Michel Espagnon, Jean Garet e Martial Jalabert. Assim como eles, são conhecidos os graffiteiros Speedy Graphito e mais três da Nukle-Art (Kriki, Etherno e Kin Pre Su), cujos trabalhos estão relacionados à arte grega ou às histórias em quadrinhos.

Speedy Graphito autodenominava-se o mais rápido dos artistas de rua. Levava consigo um relógio despertador, com o qual cronometrava suas ações, além de empurrar um tradicional carrinho de supermercado, onde transportava suas tintas. Seu trabalho era ligeiramente parecido com o de Keith Haring – trabalhava à mão livre fazendo surgir alguns bonequinhos de formas quadradas.

Por essa mesma época, Ciro Cozzolino, artista que posteriormente viria a integrar o grupo TupiNãoDá, estava chegando à França, precisamente no ano de 1981. Além de estudar artes plásticas, passou a graffitar pela cidade, principalmente no metrô.

Giro pintava sobre papel kraft e colava os trabalhos em lugares estratégicos, assim como vários outros artistas. Todos produziam em ateliê sobre papel e, após o fechamento do metrô, permaneciam no mesmo, para que durante a madrugada pudessem colar seus trabalhos sobre os cartazes publicitários, que, relativamente pequenos, tinham aproximadamente 4 por 3 metros. Entre uma propaganda e outra eram colados pela própria Companhia do Metrô papéis pretos, e sobre esses é que eles colavam suas obras, que no dia seguinte deixariam de existir, pois o Metrô recolaria os papéis pretos. Mas milhões de pessoas chegavam a ver as obras quando pela manhã se dirigiam ao trabalho.

Hervé Dirosa atuava nessa época. Pintava quadros e expunha em galerias, além de graffitar.

Em 1985, Ciro trabalhou na montagem da Bienal de Paris, onde conheceu Keith Haring. Logo após a primeira conversa marcaram de encontrar-se no metrô. Haring realizou seus clássicos desenhos à base de giz sobre os mesmos cartazes pretos. Giro lembra que iam de uma estação a outra pelos túneis e em pouco tempo encontrariam os mesmos papéis arrancados do metrô colados em telas e vendidos em feiras de arte, como a Fiac, Feira Internacional de Arte Contemporânea.

Eram feiras com aproximadamente 5 mil artistas. Ciro conta ter visto os mesmos Keith Haring serem vendidos por entre 10 e 15 mil dólares. Essas feiras aconteciam no Grand Palais, a cada dois anos, e no Mercadão de Galerias. Público-alvo: galeristas do mundo todo.

Ciro estabeleceu contato com vários artistas dessa época. Em 1987, voltou ao Brasil e logo se uniu ao grupo TupiNãoDá.

Robert Conlais, famoso artista do graffiti francês, manda para a Bienal de 1990 no Brasil uma tela inacabada, sugerindo aos artistas brasileiros que a terminassem, e o grupo TupiNãoDá foi convidado a terminá-la juntamente com quem se apresentasse, pois era uma atividade aberta.

Mas quem realmente concluiu a obra foram Zeca Garratu, Jaime Prades, Marcelo Bassarani e o próprio Ciro, o que resultou em ofensivas críticas de um jornal de grande circulação.

No final dos anos 1990, Ciro integrava o grupo Rastronaltas com Rui Amaral, Artur Lara (o Tuca) e Carlos Delfino.

Estilo americano no Brasil

A trupe de graffiti americano começou a despontar em 1980, junto com o movimento hip-hop. Passou a ser conhecida e difundida por meio de camisetas, calças, jaquetas (moda em geral).

No Brasil, esse estilo só não invadiu o metrô. O DJ Hum, Thaíde e outros precursores do rap, antenados com esse movimento, costumavam encontrar-se na estação São Bento do metrô. Ali, dançavam e curtiam som. Renato Del Kid e os Gêmeos são, entre outros, dessa fase.

Os gêmeos Gustavo e Otávio têm uma peculiaridade interessante. Quando participam de eventos de graffiti, têm o hábito de levar a mãe, dona Margarida, muito comunicativa e gentil, que costuma ficar conversando com os artistas de mais idade que trabalham junto com os filhos. Além de dona Margarida, levam Nina, namorada de Otávio, que logo foi pegando o jeito e da observação passou para a ação. Hoje vem graffitando, cada vez com mais qualidade, grandes imagens de bonecas com traços simples e cores fortes. A menina diz que considera Deus o maior artista, por sua grande obra-prima – a natureza.

O que é graffiti 47

Graffiti dos Gêmeos

Várias experiências foram realizadas em termos de técnica, pois no início só se via um tipo de traço de *spray*. O tamanho padrão das latas, com jatos relativamente grossos, fez com que se buscassem novas possibilidades de variação de bicos. Assim, percebeu-se que desodorantes e inseticidas possuíam bicos que produziam traços mais finos. A partir daí, descobriu-se que extraindo um pouco de ar da lata de tinta *spray* seu jato torna-se menos denso, e o traço mais fino. Por último, tivemos a utilização do compressor, substituindo as latas de *spray*.

O estilo americano começou realmente a ser realizado em grande escala em 1989, com os gêmeos Gustavo e Otávio, Speto, Binho, Tinho e, ainda, o excelente grupo Aerosol, que se destacaram entre outros.

Hoje em dia, além das letras coloridas, característica do graffiti americano, estão aparecendo desenhos elaborados, partindo de apurada técnica. Esses desenhos traduzem o universo hip-hop em suas mais variadas nuances, como figuras humanas dançando, pensando, cantando etc., sempre em trajes específicos, fazendo a linha americana.

Os Gêmeos criaram a revista *Fiz Graffiti Attack,* na qual revelam o universo do graffiti e da pichação. A seção "Grandes Produções" dá destaque a imensos graffiti sempre tecnicamente primorosos. Gustavo e Otávio apresentam um estilo cada vez mais definido que impressiona pela qualidade e originalidade de seus traços e cores.

Tinho, que começou com *spray*, hoje usa mais tinta látex, revelando maturidade em suas composições que abordam temas sociais, como crianças abandonadas cercadas de anjos da guarda e mães desesperadas.

Speto trabalha à mão livre, começou sob influência americana e foi desenvolvendo seu próprio estilo, cada vez melhor, até chegar a fazer animação. Convidado a fazer o clipe do grupo Planet Hemp, animou personagens caricaturizados.

Vitché tem influência marcante de Nelsão Funk Cia. No movimento, começou dançando e caminhou pelo graffiti de maneira natural, num estilo meio funk, dentro do contexto hip-hop.

Em 1993, estiveram no Brasil Barry Marge e sua namorada Margareth, que se hospedaram na casa dos Gêmeos. Esse encontro influenciou Gustavo e Otávio, pois chegaram a graffitar juntos pela cidade.

Barry Marge, artista plástico americano, por seu interesse pela arte realizada em espaços públicos e pela questão da multiculturalidade, passou a participar de instituições culturais comunitárias. Por intermédio de uma delas, o Center for the Arts em Yerba Buena Gardens, em San Francisco, foi selecionado e convidado a participar do programa internacional para artistas Lila Wallace-Reader's Digest, mantido pela Arts International, uma divisão do Institute of International Education, de Nova York. Além dos Gêmeos, Barry conheceu vários artistas graffiteiros brasileiros. Eu mesmo trabalhei com ele sob o viaduto da praça Roosevelt. Foi para mim uma experiência interessante, na qual pude observar sua rapidez, segurança e criatividade.

GRAFFITEIROS GRAFFITISTAS

Hendrix Mandrax Mandrix
Walter Silveira

Precursores no Brasil

Vinte e duas horas e vinte e sete minutos do dia 9 de março de 1979.

Um homem magro, cabeludo, trajando sobretudo escuro, atravessa a avenida Ipiranga empunhando nas mãos trêmulas uma lata de *spray* vermelho-fogo. Seu olhar atento avista um muro bem pintado de branco. Observa à sua volta e, supondo-se sozinho, tão rápido quanto o pensamento, surge naquele muro "Ah Ah Beije-me" ao lado de uma enorme boca aberta, carnuda, exposta, lembrando uma puta. Ao tampar a lata para deixar o local, olhando para os lados, leva um grande susto, pois, quase do nada, um homem pequeno e extremamente rápido já havia graffitado ao lado da bocarra uma intrigante botinha preta, de cano alto e salto agulha.

Quando o segundo dobrava sua máscara (molde vazado sobre o qual se aplica tinta *spray*) é que percebeu a presença do primeiro. Entreolharam-se e falaram quase ao mesmo tempo: "Ah, então é você?" Nesse momento, acontece o que, num futuro próximo, viria a ser uma das mais fecundas identificações de propostas artísticas, uma sólida amizade entre dois dos mais apaixonantes artistas contemporâneos que esta cidade já produziu.

O primeiro era Hudinilson Júnior, artista que juntamente com Mário Ramiro e Rafael França formou o grupo 3nós3, que tinha como proposta intervir na paisagem urbana propondo "interversões". Como o próprio artista declarava, oferecer à cidade uma nova versão do espaço urbano.

No produtivo ano de 1979, o grupo encapuzou com sacos de lixo as estátuas da cidade, visando chamar a atenção das pessoas que nunca, ou quase nunca, reparavam, em seu dia a dia, nas obras de arte, nas estátuas de nossa cidade. Na manhã seguinte, a imprensa registrou o fato. No mesmo ano vedaram as portas das principais galerias com um xis em fita-crepe, deixando um bilhete em cada uma: "O que está dentro fica, o que está fora se expande".

Em 1980, o grupo, em mais de uma ação noturna, estendeu cem metros de plástico vermelho pelos cruzamentos e entradas do anel viário da avenida Paulista com a rua da Consolação. O Detran, porém, desmontava essa e outras ações do grupo, que realizou uma série de 18 "interversões" pela cidade até 1982, quando se dissolveu.

Hudinilson, enquanto integrante do grupo, mantinha sua produção artística paralela, utilizando-se de colagem e arte xerox, da qual é apontado hoje como um dos precursores no Brasil.

No exterior, foi grande a repercussão da performance "Narcisos", em que Hudinilson, diante do público, no Museu de Arte Moderna (MAM) do Rio de Janeiro, se autoxerocou de corpo nu. Essa mesma façanha ele realizou em São Paulo, na TV Cultura, como também na Faap, onde não pôde mostrar seu trabalho na íntegra devido à censura pela exposição da nudez.

O outro artista (da botinha) era Alex Vallauri, o principal precursor do graffiti no Brasil. Era ítalo-etíope e chegou ao Brasil, vindo de Buenos Aires, em 1964. Desde então, costumava desenhar mulheres do Porto de Santos em trajes íntimos. De 1978 a 1980, começou a executar suas máscaras em São Paulo, onde passou a morar para estudar na Faap, da qual viria a ser professor. Seus primeiros graffiti eram muito simples, mas foram sendo aprimorados. À já citada bota de mulher foi acrescentada uma luva preta apontando; depois, óculos escuros estilo anos 1950; na sequência, um biquíni de bolinhas; e, finalmente, surgiu uma bela mulher latina. A cidade foi acompanhando essa aparição, cercada de mistério, com curiosidade, passo a passo, durante os anos 1970.

As máscaras de Alex tiveram origem nas aulas de gravura na Faap. Logo, havia o graffiti dessa mulher apontando um frango assado. Assim, ela foi apelidada de "Rainha do Frango Assado", feita em tamanho natural com maiô de pele de onça.

Em 1979, junto com Túlio Feliciano, um pernambucano, escritor de teatro, fez um trabalho de arte postal usando xerox. A ideia consistia em mandar aproximadamente cem cartões-postais em xerox para uma cidade de São Paulo. Depois de alguns dias, mandava-se novamente o mesmo cartão com uma ponta de bota graffitada na foto da cidade e com um carimbo escrito Trajetória. O terceiro passo tinha a bota inteira graffitada aterrissando em São Paulo e um texto atrás falando que a bota tinha invadido a cidade e percorria os muros do Morumbi à Barra Funda, utilizando suportes variados.

Muitos de seus graffiti vinham de uma grande coleção de carimbos dos anos 1950. Alex carimbava e ampliava no tamanho desejado, depois recortava e colava em papel dúplex. Todos queriam saber quem era o autor das imagens negras nas paredes da cidade. Quando a imprensa descobriu, ele ficou famoso e participou de três Bienais de São Paulo, além de muitas exposições em galerias.

São dessa mesma época inicial as poesias graffitadas como Hendrix Mandrax Mandrix, de Walter Silveira, assim como a frase É Difícil, em formato de prédios, de Tadeu Jungle, e outras.

Hudinilson Júnior, com o incentivo de Alex, passou a imprimir pela cidade figuras gregas e seu próprio retrato, ao qual chamou de Projeto Narciso.

Junto com Alex, vários outros artistas de peso aderiram e passaram a usar a cidade como suporte para suas obras. Entre eles estão Carlos Matuck, Waldemar Zaidler, Maurício Villaça, John Howard, Ozéas Duarte, o grupo TupiNãoDá e outros que, embora não mencionados, deram importante colaboração para o desenvolvimento de uma linguagem própria feita no Brasil.

O crítico de arte e repórter fotográfico Enio Massei, que esteve no Brasil em 1989, ficou impressionado com a qualidade de nossos graffiti. São palavras de Massei: "São Paulo tem o privilégio de ser a única cidade do mundo a ter um grupo de artistas trabalhando dentro de uma coerência linguística com homogeneidade que não se encontra nem mesmo em Nova York. Conheço todas as capitais do mundo e posso garantir que São Paulo é o centro do graffiti ocidental".

Alex Vallauri morreu em 26 de março de 1987 e, já no dia 27, seus amigos decidiram homenageá-lo graffitando o túnel da avenida Paulista. Essa data tornou-se o Dia Nacional do Graffiti. Nesse dia, todos os anos, acontece o mesmo ritual pela cidade: sempre pela ação de bandos e em vários pontos da cidade, o graffiti surge. Em 1993, a data foi comemorada com um belo show de Itamar Assumpção, no extinto Espaço Sequestro.

Carlos Matuck, Waldemar Zaidler e Alex Vallauri foram os primeiros a ser reconhecidos como artistas do graffiti, sendo convidados a expor suas obras em galerias e bienais.

O que é graffiti 57

O músico e compositor Itamar Assumpção segura o graffiti de uma lâmpada, de Cláudio Donato (Dia Nacional do Graffiti, 1993).

Propagadores do graffiti

"Vivalex"

Logo nos primeiros contatos, Carlos Matuck e Alex Vallauri descobriram que partilhavam o prazer de colecionar carimbos de borracha de temas variados.

Nessa época, Matuck estava retornando dos Estados Unidos, onde adquirira carimbos interessantes, e passou a recortar máscaras usando-os como referência.

De início, Alex saía pela cidade em busca de novos espaços, mas logo passou a trabalhar mais intensamente com Waldemar Zaidler, com quem também se identificava. A proposta deste era primorosa em termos de impressão e complexidade das imagens. Já Alex preferia os traços espontâneos e as máscaras mais simples.

Matuck foi fundo na investigação de outras formas de construção de máscaras. Passou a usar grampos de grampeador e, vendo que dava certo, produziu máscaras incríveis, sempre mantendo seu estilo inconfundível, que evidenciava seu ótimo traço.

Maurício Villaça, antigo amigo e colaborador de Alex Vallauri e herdeiro de várias de suas máscaras, ficou conhecido por seus imensos murais. Villaça sempre se preocupou em registrar nos muros sua visão dos acontecimentos do país e cenas criadas a partir da mistura de elementos um tanto discrepantes, como a havaiana com a cabeça do presidente Sarney, numa bandeja, ou o *Almoço na relva*, quadro de Manet, em que a moça nua contracena com o Fantasma, das histórias em quadrinhos.

Villaça e Márcia Arca idealizam e produzem, em novembro de 1990, ARCAZYLUM, "ópera *fake*", fábula pós-moderna que utiliza o acidental e o *nonsense* como ferramenta para uma reflexão sobre a ética e a estética liberal.

Disseca o conservadorismo anacrônico que trava os anos 1990. O espetáculo traduz o clima do hospício de Gotham City, onde estão internados os inimigos criminalmente insanos do Batman, como o Coringa e o Pinguim. O bizarro e o anárquico da livre associação das pichações nos muros cria no palco um painel contemporâneo.

Dos quadrinhos para a ópera *fake*, Maurício Villaça flagra, como um *zapper*, flashes da realidade fabricada e caricatura as relações de poder.

A guerra no Golfo Pérsico e os "ratos do deserto" acampados nas areias da Arábia são o pano de fundo para o início da ópera. Um jato decola levando a plateia rumo a Arcazylum – a própria cidade de São Paulo –, onde os graffiti saem dos muros pichados e tomam vida: a pós-modernidade não exclui sequestro de bebês, assassinato de pichadores adolescentes, clones de Mozart no seu bicentenário, Cacilda Becker ressuscitada, Carmen Miranda com oitenta anos, a sexualidade do ursinho Puff, e no Pantanal Eletrônico um simulacro de Tristão e Isolda: Zélia e Bernardo dançam no aniversário de Brasília uma coreografia que Hitler aplaudiria.

Maurício Villaça morreu em julho de 1993. Márcia Arca, que hoje assina Márcia Harco, é atriz e *performer*, com uma carreira de sucesso como modelo. Foi muitas vezes retratada por Eduardo Castro em seus graffiti.

Júlio Barreto, que foi vizinho de Alex, observava-o e o ajudava. Também assimilou sua técnica e, usando de grande criatividade e talento, infestou a cidade com suas "lambretinhas, sorvetes, surfistas". Sua fixação são os personagens de histórias em quadrinhos, como o Príncipe Valente, Ferdinando Buscapé e o Spirit. Um graffiti do Spirit feito por Barreto foi autografado pelo autor do personagem, Will Eisner, durante sua visita a São Paulo.

Ozéas Duarte achava que o acesso a museus e a galerias de arte era restrito a poucos privilegiados, por isso fez uma releitura, em graffiti, de obras de pintores consagrados, como Anita Malfatti, Di Cavalcanti, Ismael Néri e Van Gogh.

Assim nasceu, como o próprio artista definiu, o "Museu de Rua".

Ozéas, muito amigo de Alex, herdou algumas de suas máscaras, assim como outras de Maurício Villaça, que antes de morrer jogou fora 90% do conjunto de sua obra.

Nessa época, Maurício presenteou-me com alguns livros e fotos de Alex, devido a sua extrema necessidade de desfazer-se de seu material de arte.

Da Vila Madalena surge o grupo TupiNãoDá, nome trazido por José Carratu de um antigo grupo de artistas plásticos do qual fazia parte na década de 1970.

José Carratu, Jaime Prades e Rui Amaral obtiveram projeção no universo de artes plásticas ao participar de um projeto na Pinacoteca do Estado, intitulado Projetos Contemporâneos e com a curadoria de Cecília França, que visava justamente ao reconhecimento de novos talentos. O grupo ganhou o primeiro lugar e, a partir daí, cresceu, tendo participado, a convite de Alex Vallauri, da célebre *Trama do Gosto*, em que 150 artistas, dentro de trinta instalações, recriaram o caleidoscópio da cidade.

Alex, curador dos graffiti, imaginou duas áreas para a instalação: uma em que se recriou um beco com várias referências urbanas, outra para a projeção contínua de um audiovisual sobre os graffiti da cidade. A mostra aconteceu dentro do prédio da Bienal.

Além do grupo TupiNãoDá (José Carratu, Jaime Prades e Rui Amaral), participaram daquele evento os artistas Ozéas Duarte, Waldemar Zaidler, Vado do Cachimbo, Hudinilson Júnior, Maurício Villaça e o próprio Alex Vallauri. A curadoria geral foi de Sônia Fontanesi e Carlos Moreno.

Em sua primeira formação, o grupo TupiNão-Dá teve grande atuação. Outras formações foram se configurando, tendo passado por ele Claudia Reis, Alberto Lima, Carlos Delfino e Ciro Cozzolino.

Naves espaciais, labirintos em preto e branco, feitos à base de rolinhos de espuma, grandes e complexos motores e primorosos desenhos a giz sobre fundo negro faziam parte do repertório imagético do grupo.

Rui Amaral, antes de se juntar ao grupo, começou com graffiti na segunda metade da década de 1970, quando com Alberto Lima graffitava uma máscara chamada "Patrulha Canábica", com folhas de maconha, na porta de pessoas apreciadoras da erva, como os nazistas faziam com a estrela de Davi em frente das casas de judeus.

Ao sair do grupo TupiNãoDá, Rui manteve sua produção, e muito do que fez foi em companhia de John Howard, atuando principalmente na região da Vila Madalena.

Rui é responsável pelos maiores graffiti da cidade, entre eles o da avenida Doutor Arnaldo com a Paulista. Dentro de seu universo imagético, seu personagem mais conhecido é o Bicudo, um serzinho extraterrestre com enorme nariz tocando guitarra, que acabou virando desenho animado.

Mantém seu interesse pela arte pública e tem projetos de realizar grandes graffiti murais.

O já citado John Howard, o mais velho deles, mas nem por isso menos rebelde, é graffiteiro americano.

Radicado no Brasil, morou na Vila Madalena. Combina pequenas máscaras com seu traço à mão livre e desenha grandes cabeças psicodélicas, com mensagens do tipo "Deus se come-se".

Com mestrado em artes plásticas pela Universidade da Califórnia, John vem passando por todas as fases e transformações que o graffiti tem sofrido desde seu início, junto com Alex. Por manter sua característica atitude de produtividade contínua,

Rui Amaral

fez com que Rui Amaral o chamasse de "Locomotiva do Graffiti", e, talvez, seu louco motivo é o que o faz vir graffitando até hoje, ora em São Paulo, ora na Pensilvânia.

Do ABC paulista, também surgiram grandes nomes, polêmicos e igualmente irreverentes: Vado do Cachimbo, Numa Ramos, Jorge Tavares e Job Leocádio.

Esses quatro artistas, além de serem participantes do grande *boom* do graffiti dos anos 1980 e de estarem entre os principais autores (exceto Vado) dos famosos super-heróis surgidos ainda nos anos 1980, juntaram-se a Márcia Mayumi Chicaoka e Carmen Akemi Fukunari, também famosas por seus curingas e pinguins espalhados pela urbe.

Márcia e Carmen começaram a graffitar em 1988, numa oficina de graffiti na Faap coordenada por Ozéas Duarte. Márcia na época cursava comunicação visual e Carmen, desenho industrial, ambas na Faap.

Juntas participaram de exposições na Faap, nas Oficinas Culturais Oswald de Andrade e nos eventos Primavera Cultural do Morumbi Shopping, Salão Internacional de Humor de Piracicaba (SP), em 1988, Campanha de Sócios do Masp, Batman na Bienal, entre outros.

Com Maurício Villaça fizeram a capa do disco *Zona Zen*, de Rita Lee, painéis para a sorveteria Swensen's, mural para o convento de Vila Mariana, decoração para o Crash e Graffiti Club, cenário para o programa *Metrópolis*, da TV Cultura, série de exposições *Graffiti a Vida*, no Sesc, Galeria Kitaro Zen e Masp Graffiti de rua em Salvador (BA).

Em 1989, colaboraram na elaboração de alegorias para uma escola de samba de São Paulo e em muitas outras atividades. Márcia e Carmen, juntamente com Carolina Li, aluna de oficinas de graffiti, formaram o conhecido grupo A Trinca, que realizou muitos trabalhos de qualidade, principalmente em São Paulo.

O grupo dos super-heróis citado acima, exceto as meninas, elaborou o projeto cultural concluído no final de 1990: São Caetano Conta a Sua História em Graffiti. Esse projeto obteve êxito, pois houve total identificação da população com os painéis expostos, uma vez que reproduziam os fatos e fotos da história da cidade. O trabalho foi realizado após pesquisas, com coleta de material farto e aplicado em larga escala (área de 1200 metros quadrados) por meio de máscaras para graffiti. O êxito mostrou a força do graffiti como meio de comunicação.

Jorge Tavares vê no graffiti grande facilidade na veiculação rápida da informação. Foi ele um dos principais colaboradores para o aprimoramento da técnica de máscaras, tendo introduzido o uso do filó, o qual possibilitou maior fidelidade, eliminando pontes em termos de imagem, bem como durabilidade da máscara. Dessa descoberta surgiu a estreita ligação do graffiti, à base de máscara, com design, que é gráfico.

O graffiti se insere no design quando se transforma em arte utilitária satisfazendo uma necessidade do mercado, ou quando se coloca a serviço de uma proposta com fim educacional.

Inúmeras são as áreas de interesse para a utilização da técnica e do estilo visual de arte urbana contemporânea.

Atualmente, Jorge Tavares vem apresentando projetos pedagógicos e trabalhando comercialmente com sua técnica.

Vado do Cachimbo (Edvaldo Luiz Alvarez), autor da "Família dos AC's", pequenos seres coloridos de paraquedas, além de se utilizar de seu próprio universo imagético, lançou mão de máscaras e executou graffiti à mão livre usando rolinhos – muitas vezes, assinando e deixando seu telefone. Trabalhou na capital, na região dos Jardins, bem como na região do ABC. Paralelamente à sua produção de rua, Vado sempre manteve trabalhos em ateliê, chegando a fazer bolos graffitados com creme e anilina, em que a proposta era que os convidados comessem sua obra.

Hoje em dia, trabalha sobre manilhas. Vem expondo e circulando pelo universo das artes, sempre com muito gosto e talento dignos de um dos nomes que atuaram numa das principais fases do graffiti paulista.

Numa Ramos, que sempre surge apresentando-se com ótimo astral, possui o crédito de ser um dos primeiros brasileiros a graffitar o Muro de Berlim, imprimindo seu famoso Batman com as mãos na cintura. Foi um dos precursores na região do ABC, quando ainda imprimia outros personagens de histórias em quadrinhos, como Speed Racer, RanXerox, entre outros. Sua famosa "caneta em preto e branco" chegou a ser premiada em um dos Salões de Arte de São Caetano.

Numa vem trabalhando em seu ateliê pintando telas e, de vez em quando, vai às ruas para fazer seus graffiti, cheios de humor e cada vez melhores.

Job Leocádio é também conhecido por seu enorme sorriso e personalidade carismática. Job se autograffitou com várias frases colocadas em balõezinhos de HQ. Espalhou pela cidade enormes margaridas, à base de máscaras, misturando-as aos trabalhos à mão livre com *spray*, suas inusitadas amebas.

Job vem desenvolvendo junto com Jorge Tavares projetos pedagógicos em que colocam o graffiti como ferramenta num processo de revalorização do espaço público, assim como melhoria dos costumes.

Eduardo Castro também vem da geração anos 1980. Surgiu graffitando seu personagem chamado Olga, figura de mulher segurando um balão. Esse artista não precisa trabalhar o fundo para seus graffiti, pois ele propõe seus personagens em cumplicidade com o meio ambiente constituído. Seus personagens são um elemento que participa do contexto urbano.

Assim, como quase todos os artistas citados vêm coordenando oficinas e proferindo palestras sobre o graffiti, organizaram-se três exposições reunindo vários artistas graffiteiros: *Graffiti As Mostras I, II e III*, no Bar Blue Note, hoje Blue Night, onde foram apresentadas obras inéditas de Alex Vallauri.

Cláudio Donato também teve significativa presença na arte do graffiti. Começou com suas lâmpadas e personagens de HQ, em seguida cria a exposição *Van Gogh Sprayssionista*, a qual teve grande repercussão em toda a mídia. Nela, Donato relê as principais obras de Van Gogh, expondo-as primeiramente em espaço fechado, para depois levá-las pela cidade. Organizou o Primeiro Concurso de Graffiti de Guarulhos, em 15 de outubro de 1988, tendo como jurados Júlio Barreto e outros artistas. O primeiro lugar coube a Guto Assis, o segundo a Carmen Akemi e o terceiro a Ana Letícia.

Artur Lara, chegando de sua estada na Europa no final dos anos 1980, trabalhou muito, sempre usando e abusando de seu bom humor, construindo seu universo de estilo inconfundível, com seus personagens à mão livre. Teve ateliê montado na Vila Madalena.

Trabalhou com quase todos os graffiteiros, principalmente com o grupo TupiNãoDá, e organizou recentemente (começando em 1990) a *Mostra Paulista de Graffiti* (edições I, II e III), no MIS, junto com o graffiteiro e ex-pichador Juneca. Atualmente, é um dos integrantes do grupo Rastronaltas. Sempre trabalhando com graffiti em suportes variados, já entrou na internet, veiculando informações sobre graffiti brasileiros para vários países.

Passareli, outro graffiteiro que marcou presença no famoso buraco da Paulista, com suas figuras graffitadas à mão livre, de traços grossos e cores fortes, trabalhou bastante nos anos 1980.

Moacir Vasques (Moa) surgiu graffitando grandes rosas, em traços à mão livre, chegando a recortar primorosas máscaras. Teve oportunidade de graffitar juntamente com vários artistas já citados. Esteve na *I Mostra Paulista de Graffiti*. Assim como Daniel Rodrigues, que misturava seu ótimo traço à mão livre com elaboradas máscaras.

Neto e Mona, artistas precoces, surgiram de uma oficina realizada por Ozéas Duarte, que posteriormente doou metade de suas máscaras ao casal. Frequentadores assíduos das casas de cultura da cidade, sempre participaram de oficinas de arte e se firmaram na produção de máscaras, chegando a executar excelentes trabalhos.

No início, Neto trabalhou ao lado de Márcio Souza, sendo que este concorreu ao concurso da Fepasa, tendo obtido o primeiro lugar por seu trabalho "Grande Peixe", máscara com ajuda de Neto e Mona.

Neto e Mona participaram da *II Mostra Paulista de Graffiti*, na qual apresentaram a instalação "Poesia Visual em 4 Atos". Em consequência desse trabalho, foram convidados a produzir adereços para o Carnaval, chegando a ser artistas carnavalescos da Escola de Samba Rosas de Ouro, de São Paulo.

Dentre esses variados artistas, alguns continuam propondo o graffiti enquanto linguagem, demonstrando interesse pela discussão da arte pública, enquanto outros enveredaram por caminhos diversos, assumindo novas posturas e propostas.

Como resultado da produção desses artistas mencionados neste capítulo (e outros não citados), foram criados, basicamente, três estilos:

- O estilo das máscaras – escola vallauriana;
- O estilo americano – ligado ao movimento hip-hop;
- O estilo à mão livre – escola Keith Haring.

Esse último estilo é claramente lembrado pelo grupo já citado TupiNãoDá, que realmente levou o graffiti às últimas consequências em termos de experimentos.

Novas gerações

Desde o início, à medida que o graffiti vinha sendo realizado e ganhando força para, definitivamente, acontecer nos anos 1980 enquanto linguagem reconhecida, odiada e amada por muitos, já havia oficinas em que a técnica e os aspectos conceituais eram oferecidos a possíveis futuros graffiteiros.

Muitos dos principais nomes de hoje e de ontem surgiram dessas oficinas. O próprio Alex coordenou algumas, sempre insistindo na atenção que se deveria dispensar à questão das etapas de trabalho.

Grande parte do que vem acontecendo hoje quanto à graffitagem urbana diz respeito ao mesmo processo desencadeado nos Estados Unidos. Em cima das pichações e letras graffitadas e, na maioria das vezes, partindo do nome do autor.

Binho vem trabalhando e demonstrando que sabe o que está fazendo, assim como o grupo Masters do Imirim. Tinho, Cobra e Brizola iniciaram suas produções com esse estilo e cada um passou a desenvolver os próprios desenhos.

Cobra (Eduardo Fernandes) enveredou para o campo da ilustração, almejando dominar a técnica realista.

Do grupo do estilo das máscaras aparece Germain, de Guarulhos, superespontâneo e talentoso, sempre atento ao próprio traço.

Edinho, que também utiliza máscaras e teve estreito contato com Villaça e outros, vem graffitando em Diadema, usando retículas e imagens-figura.

Vivian Borgui, Débora Böer, Breno, Marcos Vilarca, Gejo e muitos outros foram alunos de algumas dezenas de oficinas coordenadas pelo autor deste livro.

A tônica da produção de rua – a pichação – nesta virada de milênio sem dúvida ainda não obteve a atenção necessária das autoridades, sociólogos, historiadores etc., o que é um descuido, pois, se a cidade inteira está pichada (e não é só a capital de São Paulo, em outros Estados também), é só observar para receber a mensagem.

O que esses jovens estão querendo "indizer"?

CONCLUSÃO

"Passo a passo no espaço."
Alex Vallauri

A necessidade de uma arte voltada para as grandes massas vem desde a *pop art*; no contexto da pós-modernidade, o graffiti dialoga com a cidade, na busca não da permanência, enquanto significado de arte consagrada de uma época, mas de expansão, da arte que exercita a comunicação e faz propostas ao meio, de forma interativa. As cidades não são só o suporte, mas os tons das tintas e os movimentos todos do surpreendente imaginário humano. "O que está dentro fica, o que está fora se expande" (grupo 3nós3).

Não falo de negação da arte estabelecida, assimilada, pois uma não invalida a outra.

O fato é que o graffiti enquanto arte é parcialmente aceito, ainda hoje confundido com pichação e tratado como arte menor.

Isso ocorre quando o graffiti, em alguns casos, se apropria da arte estabelecida como matéria-prima e a transforma, com isso recriando leituras. Vide Cláudio Donato, com seus Van Goghs sprayssionistas, ou Ozéas Duarte com seu Museu de Rua, levando para a cidade releituras de artistas consagrados.

No passado vimos a fotografia transformar a pintura retratista, e hoje é a fotografia que é utilizada como referencial imagético pelos graffiteiros na criação das máscaras (*stencil art*).

Não reconhecer essa dinâmica, permanecendo num jogo de valorização de um em detrimento de outro, é embotar a sensibilidade ou, na pior das hipóteses, perpetuar o péssimo hábito de pichar esse ou aquele, intencionando evidenciar convicções pessoais.

"Viva a variedade!" nestes tempos de globalização. É muito bom poder gritar essa frase num país como o Brasil, onde tanto se produz e difunde variedade racial e multicultural.

O graffiti reflete multiculturalidade na produção de estilos diversificados, como observamos ao longo dessas três últimas décadas. A mídia, geralmente, privilegia um determinado estilo, massificando-o, fazendo crer que o mesmo é único ou imprescindível, o que não é verdade.

Dentro de uma linguagem, grupos diferentes se expressam, carregando as próprias posturas.

Se fosse para estabelecer uma suposta relação entre graffiti e música, eu diria que ele está para o som hip-hop, o rock, a pop music, a new wave, o estilo irreverente de Itamar Assumpção e até a salsa (como Vallauri apreciava ouvir enquanto graffitava), enquanto a pichação está para o som punk, o trash metal ou o rap pesado. E por que não a world music e a new age para aqueles que trabalham com a temática dos seres espaciais? Pois mesmo transitando entre grupos de linguagens diferentes encontramos posturas semelhantes. Mas dentro de cada postura dialogam visões diferentes entre si.

E, assim como na música é irresponsável e inconcebível privilegiar um estilo musical ou alguns, dizendo que este é arte, aquele não, que este pode ser tocado, aquele não, no graffiti e na pichação também.

Mas graffiti e pichação são a mesma coisa? Não. São posturas diferentes, com resultados plásticos diferentes.

O graffiti aceita dialogar com a cidade de forma interativa, tanto que, ao deixar o telefone, fica cara a cara com o proprietário do espaço, como já mencionamos.

Estabelecer que graffiti e pichação são a mesma coisa, sancionando lei igual, desconsiderando o percurso de luta de reconhecimento do graffiti, é, no mínimo, não inteligente, arbitrário. É querer, como se fosse possível, apagar em um único ato a história de sucessivos atos, que ao contracenar criam novos atos de uma outra história.

Minha intenção não foi esgotar o assunto, citar todos os nomes e refletir sobre todas as ideias pertinentes, mas estimular a criação de outros espaços-texto, de compartilhar aquilo que é fazer arte.

E, por que não?, alertar, quando há tantos querendo "indizer", quando há tantos que de tão acostumados com seus caminhos conhecidos os percorrem distraidamente: o que é importante emudece e fica invisível.

Precisamos recuperar nossos sentidos sem que nos mutilemos, separando corpo da mente e do espírito.

Alegro-me ao pensar que todo processo artístico é relativamente lento, pois depende da intimidade alcançada entre homem e trabalho para que os resultados estéticos sejam satisfatórios.

Talvez, um dia, todo centro urbano, apesar de caótico, possa vir a ser uma grande galeria de arte a céu aberto.

INDICAÇÕES PARA LEITURA

Devido à carência de publicações nacionais sobre graffiti, sugiro o que segue:

NEW, USE&IMPROVED ART FOR THE 80'S
FRANK, Peter; MCKENZIE, Michael
Abbeville Press New York: 1987.

Por reunir alguns dos principais artistas do graffiti, entre eles Keith Haring, Jean Michel Basquiat, Kenny Scharff e o próprio Alex Vallauri com sua inesquecível obra "T ELEFONE ".

SUBWAY ART
COOPER, M. - CHALFANT, H.
Thames and Hudson Ltd. London: 1984

Essa obra retrata a produção do graffiti em vagões do metrô de Nova York.

A POESIA DO ACASO: na transversal da cidade. FONSECA, Cristina
T.A. Queiroz, São Paulo: 1989.

É um precioso registro dos primeiros graffiti de São Paulo, além das pichações poéticas e entrevistas com grandes poetas da nossa cultura.

PAISAGENS URBANAS
PEIXOTO, Nelson Brissac
Marca D'Água São Paulo: 1996.

Contém uma profunda reflexão sobre a relação do homem contemporâneo com o meio ambiente urbano.

SOBRE O AUTOR

Nasci em São Paulo, capital, a 11 de janeiro de 1968, filho de João Mendonça Gitahy, desenhista publicitário, e de Jurema, artista plástica autodidata que tem em seu currículo várias premiações nacionais e internacionais.

Herdeiro, portanto, da sensibilidade artística de meus pais, desde cedo busquei situar-me dentro da arte. Meu interesse por graffiti vem desde criança, embora nem imaginasse que um dia viria a fazer graffiti. Lembro que ficava imaginando mil imagens diante de "O segredo do rabo da lagartixa amarela", frase pichada na época.

Enquanto adolescente, já interessado pelo universo underground, passei a primeira metade dos anos 1980 ligado ao movimento punk, no momento em que o mesmo atingia seu primeiro auge em São Paulo. Mantive estreito contato com integrantes das bandas Psycose e Estado de Coma. Em decorrência dessa influência, integrei algumas bandas de garagem, chegando a tocar no circuito underground paulistano e carioca. Na ocasião, desenhava e escrevia nomes de bandas com caneta hidrocor em banheiros públicos e transportes coletivos. Mas foi somente na época da faculdade (Belas Artes de São Paulo), na segunda metade dos anos 1980, quando conheci alguns artistas do graffiti, Eduardo Castro, Jorge Tavares e Marcio Fidélis, que comecei a produzir efetivamente imagens nas ruas. Antes, porém, já havia montado duas instalações, uma na Câmara Municipal de São Paulo, dentro da Semana da Consciência Ecológica, e outra no XI Salão de Artes Plásticas de Taubaté, e estava experimentando em um laboratório P&B a raspagem de negativos velados à base de bico de pena molhado nas químicas de revelação e fixação.

Apesar de desenhar desde criança, sempre incentivado pelo fato de ser filho de artistas, sentia um certo bloqueio com cores, fato que deixou de existir quando, chacoalhando uma lata de tinta *spray*, tive meu primeiro grande orgasmo colorido. A partir daí passei a conhecer vários outros graffiteiros, entre eles Ivan Viana Sudbreck, Maurício Villaça e Rui

Amaral, e cada vez mais ampliando minha produção, chegando a elaborar, junto com o professor de ciências Hernani Facundo, o projeto O Graffiti É Legal, com o apoio da Secretaria Municipal de Educação, que tinha como objetivo incrementar o repertório do pichador oferecendo informações relevantes sobre o tema.

Desde essa época, venho produzindo imagens na rua, participando de exposições, realizando trabalhos por encomendas, cenografias para teatro, proferindo palestras, ministrando oficinas, escrevendo textos e outras atividades relacionadas ao graffiti.

Coleção Primeiros Passos
Uma Enciclopédia Crítica

- ABORTO
- AÇÃO CULTURAL
- ACUPUNTURA
- ADMINISTRAÇÃO
- ADOLESCÊNCIA
- AGRICULTURA SUSTENTÁVEL
- AIDS
- AIDS - 2ª VISÃO
- ALCOOLISMO
- ALIENAÇÃO
- ALQUIMIA
- ANARQUISMO
- ANGÚSTIA
- APARTAÇÃO
- ARQUITETURA
- ARTE
- ASSENTAMENTOS RURAIS
- ASSESSORIA DE IMPRENSA
- ASTROLOGIA
- ASTRONOMIA
- ATOR
- AUTONOMIA OPERÁRIA
- AVENTURA
- BARALHO
- BELEZA
- BENZEÇÃO
- BIBLIOTECA
- BIOÉTICA
- BOLSA DE VALORES
- BRINQUEDO
- BUDISMO
- BUROCRACIA
- CAPITAL
- CAPITAL INTERNACIONAL
- CAPITALISMO
- CETICISMO
- CIDADANIA
- CIDADE
- CIÊNCIAS COGNITIVAS
- CINEMA
- COMPUTADOR
- COMUNICAÇÃO
- COMUNICAÇÃO EMPRESARIAL
- COMUNICAÇÃO RURAL
- COMUNDADE ECLESIAL DE BASE
- COMUNIDADES ALTERNATIVAS
- CONSTITUINTE
- CONTO
- CONTRACEPÇÃO
- CONTRACULTURA
- COOPERATIVISMO
- CORPO
- CORPOLATRIA
- CRIANÇA
- CRIME
- CULTURA
- CULTURA POPULAR
- DARWINISMO
- DEFESA DO CONSUMIDOR
- DEFICIÊNCIA
- DEMOCRACIA
- DEPRESSÃO
- DEPUTADO
- DESIGN
- DESOBEDIÊNCIA CIVIL
- DIALÉTICA
- DIPLOMACIA
- DIREITO
- DIREITO AUTORAL
- DIREITOS DA PESSOA
- DIREITOS HUMANOS
- DIREITOS HUMANOS DA MULHER
- DOCUMENTAÇÃO
- DRAMATURGIA
- ECOLOGIA
- EDITORA
- EDUCAÇÃO
- EDUCAÇÃO AMBIENTAL
- EDUCAÇÃO FÍSICA
- EMPREGOS E SALÁRIOS
- EMPRESA
- ENERGIA NUCLEAR
- ENFERMAGEM
- ENGENHARIA FLORESTAL
- ESCOLHA PROFISSIONAL
- ESCRITA FEMININA
- ESPERANTO
- ESPIRITISMO
- ESPIRITISMO 2ª VISÃO
- ESPORTE
- ESTATÍSTICA
- ESTRUTURA SINDICAL
- ÉTICA
- ETNOCENTRISMO
- EXISTENCIALISMO
- FAMÍLIA
- FANZINE
- FEMINISMO
- FICÇÃO
- FICÇÃO CIENTÍFICA
- FILATELIA
- FILOSOFIA
- FILOSOFIA DA MENTE
- FILOSOFIA MEDIEVAL
- FÍSICA
- FMI
- FOLCLORE
- FOME
- FOTOGRAFIA
- FUNCIONÁRIO PÚBLICO
- FUTEBOL
- GASTRONOMIA
- GEOGRAFIA
- GEOPOLÍTICA
- GESTO MUSICAL
- GOLPE DE ESTADO
- GRAFFITI
- GRAFOLOGIA
- GREVE
- GUERRA
- HABEAS CORPUS
- HERÓI
- HIEROGLIFOS
- HIPNOTISMO
- HISTÓRIA EM QUADRINHOS
- HISTÓRIA
- HISTÓRIA DA CIÊNCIA
- HISTÓRIA DAS MENTALIDADES
- HOMEOPATIA
- HOMOSSEXUALIDADE
- IDEOLOGIA
- IGREJA
- IMAGINÁRIO
- IMORALIDADE
- IMPERIALISMO
- INDÚSTRIA CULTURAL
- INFLAÇÃO
- INFORMÁTICA

Coleção Primeiros Passos
Uma Enciclopédia Crítica

INFORMÁTICA 2ª VISÃO
INTELECTUAIS
INTELIGÊNCIA ARTIFICIAL
IOGA
ISLAMISMO
JAZZ
JORNALISMO
JORNALISMO SINDICAL
JUDAÍSMO
JUSTIÇA
LAZER
LEGALIZAÇÃO DAS DROGAS
LEITURA
LESBIANISMO
LIBERDADE
LÍNGUA
LINGUÍSTICA
LITERATURA INFANTIL
LITERATURA DE CORDEL
LIVRO-REPORTAGEM
LIXO
LOUCURA
MAGIA
MAIS-VALIA
MARKETING
MARKETING POLÍTICO
MARXISMO
MATERIALISMO DIALÉTICO
MEDIAÇÃO DE CONFLITOS
MEDICINA ALTERNATIVA
MEDICINA POPULAR
MEDICINA PREVENTIVA
MEIO AMBIENTE
MENOR
MÉTODO PAULO FREIRE
MITO
MORAL
MORTE
MULTINACIONAIS
MUSEU
MÚSICA
MÚSICA BRASILEIRA
MÚSICA SERTANEJA
NATUREZA
NAZISMO
NEGRITUDE
NEUROSE
NORDESTE BRASILEIRO

OCEANOGRAFIA
OLIMPISMO
ONG
OPINIÃO PÚBLICA
ORIENTAÇÃO SEXUAL
PANTANAL
PARLAMENTARISMO
PARLAMENTARISMO MONÁRQUICO
PARTICIPAÇÃO
PARTICIPAÇÃO POLÍTICA
PEDAGOGIA
PENA DE MORTE
PÊNIS
PERIFERIA URBANA
PESSOAS DEFICIENTES
PODER
PODER LEGISLATIVO
PODER LOCAL
POLÍTICA
POLÍTICA CULTURAL
POLÍTICA EDUCACIONAL
POLÍTICA NUCLEAR
POLÍTICA SOCIAL
POLUIÇÃO QUÍMICA
PORNOGRAFIA
PÓS-MODERNO
POSITIVISMO
PRAGMATISMO
PREVENÇÃO DE DROGAS
PROGRAMAÇÃO
PROPAGANDA IDEOLÓGICA
PSICANÁLISE 2ª VISÃO
PSICODRAMA
PSICOLOGIA
PSICOLOGIA COMUNITÁRIA
PSICOLOGIA SOCIAL
PSICOTERAPIA
PSICOTERAPIA DE FAMÍLIA
PSIQUIATRIA ALTERNATIVA
PUNK
QUESTÃO AGRÁRIA
QUESTÃO DA DÍVIDA EXTERNA
QUÍMICA
RACISMO
RÁDIO EM ONDAS CURTAS
RADIOATIVIDADE
REALIDADE
RECESSÃO

RECURSOS HUMANOS
REFORMA AGRÁRIA
RELAÇÕES INTERNACIONAIS
REMÉDIO
RETÓRICA
REVOLUÇÃO
ROBÓTICA
ROCK
ROMANCE POLICIAL
SEGURANÇA DO TRABALHO
SEMIÓTICA
SERVIÇO SOCIAL
SINDICALISMO
SOCIOBIOLOGIA
SOCIOLOGIA
SOCIOLOGIA DO ESPORTE
STRESS
SUBDESENVOLVIMENTO
SUICÍDIO
SUPERSTIÇÃO
TABU
TARÔ
TAYLORISMO
TEATRO
TEATRO INFANTIL
TEATRO NÔ
TECNOLOGIA
TELENOVELA
TEORIA
TOXICOMANIA
TRABALHO
TRADUÇÃO
TRÂNSITO
TRANSPORTE URBANO
TROTSKISMO
UMBANDA
UNIVERSIDADE
URBANISMO
UTOPIA
VELHICE
VEREADOR
VÍDEO
VIOLÊNCIA
VIOLÊNCIA CONTRA A MULHER
VIOLÊNCIA URBANA
XADREZ
ZEN
ZOOLOGIA